Elizabeth C. Prophet

Liebe öffnet Herzen

LIEBE ÖFFNET HERZEN

ELIZABETH CLARE PROPHET

Aus dem Amerikanischen von Manfred Miethe

SILBERSCHNUR VERLAG

Originaltitel: "Love. Gardens of the Heart" by Elizabeth Clare Prophet

Summit University Press, 63 Summit Way, Gardiner, Montana 59030 U.S.A.
Tel: +1-406-848-9500 · Fax: +1-406-848-9555
www.SummitUniversityPress.com · www.SummitUniversity.org ·
www.SummitLighthouse.orgE-Mail: Info@SummitUniversityPress.com

ISBN: 978-3-89845-422-3

1. Auflage 2014

Übersetzung: Manfred Miethe
Gestaltung & Satz: XPresentation, Güllesheim
Umschlaggestaltung: XPresentation, Güllesheim, unter Verwendung eines Motivs von James Bennett, Livingston, Montana, U.S.A.
Druck: Finidr, s.r.o. Cesky Tesin

Verlag »Die Silberschnur« GmbH · Steinstraße 1 · 56593 Güllesheim
www.silberschnur.de · E-Mail: info@silberschnur.de

INHALT

Auf dem Weg zum Garten

Liebe ist unsere große Herausforderung. Lernt, den Einfluss der Liebe in jedem Bereich des Lebens zu verstehen, und erkennt, dass sie der Kunst, dem Design, dem Theater, der Architektur, der Technologie und vielen anderen Bestrebungen zugrunde liegt. Liebe umfasst sie alle. Liebe bedeutet Hingabe an die eigene Berufung, an die eigene innere Realität, an die eigenen Prinzipien.
Liebe existiert daher auf vielen Ebenen. Es gibt die elementaren Ebenen der menschlichen Liebe, aber dann gibt es auch Ebenen der Liebe, die alles transzendieren, die das Selbst transzendieren. Dies ist eine

Liebe, die sich aufopfert, die so verzehrend ist, dass man sich in ihrer Gegenwart wieder und wieder in die Arme der Liebe flüchten möchte.
Wenn ihr noch nicht geliebt habt, dann liebt jetzt zehntausend mal zehntausend Mal; liebt und liebt und liebt, während ihr dient, um euch und alles Leben zu befreien.
Es gibt eine Liebe, die niemals aufgibt, die niemals stirbt, die mit euch durch dick und dünn geht. Es gibt eine Liebe, die reine Schönheit ist; eine Liebe, die in der Präzision des Aufbaus des menschlichen Körpers oder der Konstruktion eines Tempels zu sehen ist; eine Liebe, die im Licht und der Harmonie eines Gemäldes zu erkennen ist.
Liebe ist ein Weg der Disziplin. Nehmt wohl abgemessene Becher der Liebe – ja, wohl abgemessene Becher der Liebe – und gebt sie jenen, die eure Liebe wie

einen Balsam aufnehmen können. Wisset, dass Liebe die Macht besitzt, alles zu erreichen.
Öffnet allen euer Herz.
Liebt euch selbst. Liebt eure Seele.

ROSEN: Rosarote Rosen

All unsere Erfahrungen im Leben
sollen uns die Bedeutung
der Liebe lehren.

All unsere Beziehungen
sollen uns die Bedeutung
der Liebe lehren.

Alles, was geschieht,
dient der Erziehung
der Seele und des Herzens.

Liebe ist praktisch
und sehr bodenständig.
Liebe kann
unser Verständnis,
unsere Freundschaften
und unsere Arbeit bereichern.

Stellt das infrage,
was ihr an euch selbst nicht mögt.
Ersetzt es durch Rosen,
durch rosarote Rosen.

Wenn ihr wahrhaft liebt,
tut ihr alles natürlich und frei.
Ihr erwartet keinen Lohn,
ihr erwartet gar nichts.
Ihr freut euch über die Gelegenheit,
zu dienen und andere zu beschenken.

Liebt euren Nächsten,
so wie ihr euch selbst liebt,
denn in Wahrheit
seid ihr euer Nächster.
Dasselbe Licht wohnt ihm inne,
das auch in euch wohnt.

Wenn ihr wahrhaft liebt,
besitzt ihr die Fähigkeit,
euch in das Herz eines
anderen zu versetzen.
Es schmerzt euch,
Leben verletzt zu sehen,
da ihr liebt.

Ich glaube, die beste
Definition der Liebe lautet:
“Behandelt andere,
wie ihr von anderen
behandelt werden möchtet”,
denn Liebe will anderen nichts Böses.

Sendet die Liebe aus,
denn Liebe vermehrt sich
und sammelt mehr
von ihrer Art um sich.
Sie kehrt als Rosenstrauß zurück,
der auf eurer Türschwelle liegt.
Wir ernten,
was wir gesät haben.

Wenn ihr in den Himmel kommt,
werdet ihr weder
Jude, Moslem noch Christ sein.
Ihr werdet Bürger des Himmels sein.
Niemanden wird es kümmern,
was ihr auf Erden getan habt,
solange ihr den Weg
der Liebe gegangen seid.

Manchmal müssen wir
unsere Definition von Liebe
überprüfen und uns fragen:
"Ist es wirklich Liebe?"
Wenn Liebe echt ist,
hilft sie uns dabei,
wichtige Entscheidungen
zu treffen, die
richtigen Entscheidungen
zu treffen.

Manchmal existiert eine Liebe,
die nur auf Verlangen beruht.
Diese Liebe kann sehr zornig werden,
wenn sie nicht bekommt, was sie will.
Tatsächlich ist dies keine Liebe,
sondern nur Verlangen.

Glaubt nicht,
dass Liebe ein leichter Weg ist.
Der Weg der Liebe
ist häufig schmerzhaft
und die schwerste Wahl,
die ihr treffen konntet.

Wenn wir andere kritisieren,
lieben wir sie nicht.

Wenn wir ängstlich sind
und zornig und
über andere urteilen,
können wir nicht
gleichzeitig lieben.

Liebe ist ein Impuls,
der täglich neu gegeben werden muss.
Dies gleicht dem Drehen
tibetischer Gebetsmühlen.
Man muss sie ständig
in Bewegung setzen.
Man muss der Liebe
ständig Nahrung geben.

Wenn ihr wahrhaft liebt,
entwickelt ihr ein größeres
Feingefühl für andere Menschen,
für ihr Leiden, ihre Bedürfnisse.
Ihr seid in Kontakt mit euch selbst
und mit anderen.

Wenn ihr jeden Tag mehr liebt,
seid ihr jeden Tag anders.
Und solltet ihr heute
nicht anders sein als gestern,
dann verstärkt eure Liebe,
verschenkt mehr Liebe.
Liebe ist die Antriebskraft
des Lebensmotors,
sein Brennstoff.

Liebe ist beharrlich
und doch sehr sanft.
Liebe klopft jeden Tag an eure Tür.
Wir können füreinander da sein –
oder wir können wegschauen.

Wir müssen lernen,
jene zu lieben,
die uns nicht lieben.
Wir müssen lernen,
selbst jene zu lieben,
die uns verachten.
Wir müssen lernen,
göttliche Gnade zu verbreiten,
statt auf menschliche Fehler
zu reagieren.

Liebe bringt immer
Schmerz mit sich,
immer.
Es gibt keine Möglichkeit,
dem zu entkommen.

Wenn ihr den Mut aufbringt,
zu lieben und geliebt
zu werden,
ist das derselbe Mut,
den ihr braucht, um euer Herz
durchstechen zu lassen.

Ihr müsst etwas lieben.
Liebt ein Kind.
Liebt einen Nachbarn.
Liebt einen Freund.
Entwickelt eine tiefe Liebe,
die nicht besitzergreifend ist.
Entwickelt Liebe einfach,
damit sie sich verströmen kann.

Gebt allen von
der Liebe eures Herzens.
Wisset: Die Liebe, die ihr gebt,
geht niemals verloren,
ist niemals verschwendet,
ganz gleich, wie die Reaktion darauf
auch aussehen mag.

Geht hinaus und
verströmt eure Liebe,
so wie die Sonne ihr Licht verströmt,
und verschwendet keinen
Gedanken daran,
was zu euch zurückkehren wird.

Die Frische des Frühlings

Liebe öffnet
die Herzen der Blumen.

Liebe gleicht dem Duft einer Rose,
den Blättern einer Blüte.
Welch kostbarer Duft.
Es ist, als wärt ihr wieder
ein kleines Kind,
das keinerlei Sorgen kennt,
und ihr würdet am Morgen erwachen
und die Frische des Frühlings spüren.
Die Vögel singen, der Himmel ist blau
und die Wolken gleichen Schäfchen.
Euch interessiert nur
das Gras und die Blumen,
das Spiel und der Frühling.

Die Qualität der Liebe
ist sanft und zart,
aber sie kann so mächtig sein,
dass sie einen ganzen Kosmos
erschaffen kann.

Daher muss Liebe in unseren
Herzen gemildert werden,
in unseren täglichen Geschäften
und unseren täglichen Gaben
an das Leben.

Wenn ihr nicht genug Liebe habt
und mehr Liebe möchtet,
könnt ihr euer Vermögen,
liebevoll zu sein,
vergrößern.
Ihr könnt euch immer
neue Dinge ausdenken,
die ihr für andere tun könnt,
die ihr anderen schenken könnt.

Lernt,
Liebe auf sehr persönliche Weise
zu verschenken.
Das ist etwas ganz Wunderbares.

Es ist, als wärt ihr fünf Jahre alt
und als würdet ihr eurer Mutter
oder eurem Vater
einen Strauß Blumen bringen,
den ihr gepflückt habt.

Der beste Weg,
Verletzungen zu heilen,
der beste Weg,
mit euch selbst und anderen
umzugehen, besteht darin,
euer Herz dem Verschenken
der Liebe zu weihen.

Mut ist ein Zeichen,
dass das Herz erwachsen wird.
Das Herz kennt keine Furcht,
da Liebe in ihm wohnt.

Es gibt einen Unterschied zwischen
menschlicher Liebe und
göttlicher Liebe.
Die menschliche Liebe
hängt von der Reaktion
des anderen ab.
Göttliche Liebe hängt
von nichts ab.
Sie gleicht der Sonne,
die immer scheint.

Um die Liebesfähigkeit
zu entwickeln,
müsst ihr Liebe verschenken.
Ihr müsst den Fluss in Gang setzen.
Schaut euch um und seht,
wer Liebe braucht.
Dann geht hinaus und liebt.
Geht heroische Risiken ein,
um noch mehr zu lieben.

Werdet aktiv und arbeitet
nach Leibeskräften,
dient, schwitzt, lauft und denkt
nach Leibeskräften,
bringt euer Leben in Schwung.
Dank dieses verstärkten Elans
werdet ihr herausfinden,
was wirklich in eurer Welt geschieht.
Ihr werdet entdecken,
wann keine Liebe da ist und warum.

Wenn ihr dazu neigt,
euch selbst und anderen Liebe
vorzuenthalten,
geht hinaus und findet jene,
die eure Liebe brauchen,
auch wenn ihr euch dabei
zuerst unbeholfen fühlen mögt.

Die Wörter Liebe und Sieg
sind ein und dieselben.

Wenn ihr eine Niederlage erleidet
oder versagt,
sollt ihr wissen,
dass die fehlende Zutat
die Liebe war.

Liebt besser,
liebt länger,
liebt weitreichender.

Liebt geduldiger,
liebt demütiger,
liebt selbstloser.

Wir alle wissen, dass wir lieben.
Wir sollten darüber nachdenken,
wie viel mehr wir lieben könnten.
Die Antwort wird immer lauten:
mehr, viel mehr.

Das, was frei macht, ist Liebe.
Wenn ihr frei sein möchtet
von einem Menschen, den ihr hasst,
dann müsst ihr lieben.

Ihr könnt niemanden zwingen,
euch zu mögen.
Ihr könnt niemanden zwingen,
euch zu lieben.

Aber ihr könnt Menschen mögen.
Ihr könnt Menschen lieben.
Ihr könnt ihnen euer
ganzes Herz schenken.

Es ist nicht nötig,
Angst vor Schmerz zu haben,
wenn ihr eure Liebe verschenkt.
Lasst die Liebe,
die aus euch herausströmt,
wie ein derart mächtiger Wasserfall sein,
dass nichts an diesem Wasserfall
aufsteigen kann,
so dass euch nichts berühren kann.

Und falls es sein muss,
dass ihr durch eure Liebe,
durch die Hingabe eures Lebens an
einen Feind,
verletzt werdet oder
Schmerzen erleidet,
dann nehmt es hin.
Ihr könnt durch eben diese Liebe,
die durch euch hindurchströmt,
geheilt werden.

EIN KOLIBRI

Das Karma lehrt uns,
zu lieben und zu lieben
und zu lieben –
wie es kein anderer Prozess vermag.

So nah,
dein flüsterndes Herz.

Dein bebender Herzschlag,
als der kleine Vogel des Selbst
erzittert wie der Kolibri
und in der Gegenwart
deines Gottes außer Gefecht
gesetzt ist.

Liebe gleicht
der Stille des Sommers,
den grünen Blättern
an den Bäumen, dem Gras,
das sich im Wind wiegt,
dem Gesang einer Lerche,
dem Zwitschern der Vögel,
dem Herzschlag des Kolibris.

Liebe ist Trost,
ist Zärtlichkeit,
ist geflüsterte Hoffnung.

Wir können die Liebe
weder haben noch kennen,
wenn wir nicht
wirklich Liebe praktizieren.

Die schnellste Formel für Liebe:
Gebt ständig Liebe,
im Kleinen wie im Großen,
und verliert euch selbst,
indem ihr euch selbst
an andere verschenkt.

Denkt in Ruhe darüber nach,
was ihr am meisten liebt.
Ein Kind, ein Familienmitglied,
einen Freund, die Engel?
Denkt an jene, die ihr liebt,
mit großer und tiefer Liebe.

Sendet Liebe aus,
seid Liebe,
ja, singt sogar Liebe.

Das Tor öffnet sich weit
durch die Liebe.
Es ist wichtig,
sich selbst die Frage zu stellen:
"Trage ich den Becher der Liebe?"

Meisterschaft

kann jeden Tag erlangt werden!
Sie ist nicht etwas, das ihr
am Ende eures Lebens bekommt.
Sie ist nicht der große Goldschatz
am Ende des Regenbogens.
Sie ist hier und jetzt.
Jetzt in diesem Augenblick
seid ihr zu vollkommener Liebe fähig.

Ihr sagt, ihr liebt,
aber wie groß ist
eure Fähigkeit zu lieben?

Ist sie so groß
wie eine Teetasse oder
wie ein Fingerhut?
Ist sie eine immer größer
werdende Tasse,
ein immer größer werdendes
Bewusstsein, das so tief ist
wie das Meer und so hoch
wie der Himmel?

Der endgültige Sieg
der Liebe
steht außer Frage.

Was wir alle entwickeln müssen,
sind Mut und Liebe,
um zu sein,
wer wir wirklich sind –
Mut und Liebe,
um das zu tun,
was unser wahres Selbst
wirklich von uns möchte.

Schenkt euch selbst Liebe.
Hört auf, euch selbst zu verdammen.
Hört auf, euch selbst zu verurteilen.
Hört auf, euch selbst zu kritisieren.
Erkennt, dass Kritik an euch selbst
eine höchst gefährliche
Angelegenheit ist.

Wenn ihr euch selbst nicht liebt,
werdet ihr niemals in der Lage sein,
einen anderen Menschen so zu lieben,
dass es ihn oder euch wirklich erfüllt.

Um Respekt für einen anderen
empfinden zu können,
müsst ihr euch selbst respektieren.

Wir leben auf
der Innenseite des Lebens,
nicht auf seiner Außenseite.
Ist das Innere rein,
muss das Äußere folgen.

Reinheit und Liebe
sind innere Qualitäten
des Lebens,
nicht einfach nur äußere.

Eine Tugend
wie die Liebe
muss in unserem Leben
persönlich werden.
Wenn Liebe persönlich wird,
fangen wir an,
sie wirklich zu erfahren und
zu verstehen.

Wenn ihr Kinder
aufmerksam beobachtet,
werdet ihr sehen,
dass sie ganz natürlich
aus dem Herzen
heraus kommunizieren.
Die Spontaneität der Kinder
lehrt uns zu lieben,
inspiriert uns zu lieben.
Ihre Liebe ist so einfach und so süß.

Fangt damit an,
Menschen durch eure Liebe
zum Schmelzen zu bringen.

Schenkt ihnen eure Liebe
und macht euch keine Sorgen,
selbst wenn sie diese
nicht erwidern.

Die Abwesenheit der Liebe
führt dazu, dass die Menschen
das Gefühl für sich selbst,
das Gefühl für den Sinn
ihres Daseins,
das Gefühl für Einheit,
für Freude,
für den Sinn
des Lebens verlieren.

Versucht, Liebe
durch euer Herz auszudrücken
und sie Menschen zu schenken.

Die Hand,
die ein Kind in den Schlaf wiegt,
ist immer noch die Hand,
die die Welt beherrscht,
denn sie ist
die Hand der Liebe.

Was eine Mutter tut,
die für ihre Familie sorgt,
die wäscht und putzt
und das Essen kocht,
ist gelebte Liebe –
den ganzen lieben Tag lang.

Wenn ihr irgendjemanden hasst,
dann hasst ihr euch selbst.
Wäre es nicht besser,
euch selbst zu lieben
und andere auch?

JEDER SCHRITT

Das Zeichen jener,
deren Liebe groß ist,
ist Ruhe in der Bewegung.

Wenn ihr zu großer Liebe fähig seid,
müsst ihr dies in die Tat umsetzen.

Ihr seid unaufhörlich
in Bewegung
und verschenkt ständig
eure Liebe.
Und ihr habt
inneren Frieden.

Lasst jeden Schritt
auf eurem Lebensweg
zu einer bedeutungsvollen
und liebevollen Entscheidung werden.
Die Liebe wird dann zu einer Spirale,
die euch weiter und weiter
und immer höher hinauf trägt.

Wenn ihr genug liebt,
gelangt ihr an einen Punkt,
an dem ihr wie die Sonne seid,
die auf Gerechte und
Ungerechte scheint.
Manche werden sie empfangen,
andere nicht.
Aber ihr werdet einfach
weiterhin eure Liebe verströmen.

Euer Herz ist wirklich
ein sehr präzises Instrument,
besonders wenn ihr ihm zuhört.
Es wird euch sagen,
was für euch richtig ist,
was ihr wirklich tun wollt,
was ihr wirklich liebt.

Das Einzige,
was euch selbst die schwersten
Prüfungen bestehen lässt,
ist Liebe.

Begreift, dass es in jeder Situation
etwas oder jemanden gibt,
das oder den ihr
lieben lernen sollt.

Prüft euer Herz.
Manche Menschen haben
die Vorstellung,
dass das Herz immer vollkommen ist.
Das Herz verlangt nach
Vervollkommnung.
Wir sollten nicht davon ausgehen,
dass unsere Herzen rein sind.

Verschafft eurem Herzen Übung.
Widmet eure Liebe
immer der Aufgabe,
die gerade vor euch liegt.

Versteht,
dass Liebe der Kunst, dem Design,
dem Theater, der Architektur,
der Technologie und vielen
anderen Bestrebungen zugrunde liegt.
Liebe umfasst sie alle.
Denn das Element der Liebe
ist der Leim,
der alle Dinge zusammenhält.

Liebt euch selbst.
Liebt eure Seele.
Lasst in eurem Inneren
keine Spaltungen oder
Trennungen zu.

Liebe wird alles besiegen.
Aber das Element Zeit
liegt in unseren Händen.

Versteht ihr,
dass die größte Lektion,
die eure Seele lernen kann,
die ist,
dass Liebe alles ist
und
dass Liebe das Ziel ist?

Jeden Tag
könnt ihr mehr lieben.
Und wenn ihr nicht mehr
lieben könnt,
fragt euch:
"Was hindert mich heute daran
zu lieben?"

Die Glut der Liebe
in jeder Zelle
schmilzt die Angst
und löst eine chemische Reaktion aus,
die dem Verdampfen ähnelt.

Die Angst wird euch verlassen,
wenn sie durch Liebe
ausgekocht wird.

Mit Liebe
reifen alle Dinge,
und all eure Projekte
werden wie geplant ausgeführt.

Liebe ist der Zement
und das heilende Elixier.
Liebe wird euch unendlich
viele Lösungen präsentieren.

Liebe ist der große Magnet,
der euch zu jenem Frieden hinzieht,
der jedes Verstehen übersteigt.

Ganz gleich,
wen oder was ihr liebt,
die Liebe eures Herzens
kehrt immer ins Herz
des Göttlichen zurück.

Liebe muss man üben,
so wie man Klavier übt.
Ihr müsst die Übungen
der Liebe täglich ausführen.

Ihr müsst üben zu lieben,
üben zu geben, üben zu empfangen
und ihr müsst euch darin üben,
Taten der Liebe zu begehen.

Liebe kennt
weder Kritik noch Verdammung
des Freundes,
des Ehepartners,
des Kindes,
ja selbst eures Arbeitgebers.

Liebe ist Vergebung.

Es ist eine Sache,
im Kopf eine Idee von
der Liebe zu haben,
an Liebe zu denken,
Liebe anzunehmen,
wenn alles gut geht.

Aber ihr müsst lernen,
jene Liebe anzuziehen,
die nicht erschüttert werden kann –
komme, was wolle.

Zum Gesetz des Lebens
gehören Wachstum und
die Transzendierung des Selbst.
Ihr müsst wachsen.
Ihr müsst mehr lieben.

Versucht für eine Weile,
von allen anderen Weisen
Abstand zu nehmen,
wie ihr die verwirrenden Probleme
des Lebens angehen könntet.

Und versucht alles,
was euch plagt,
mit mehr Liebe anzugehen.

Lasst es eine so große Liebe
werden, dass euch
Feuersäulen und Mauern
aus Liebe umgeben.

Seid so erfüllt von Liebe,
dass alles,
was zu euch kommt,
in diesem Meer der Liebe
entweder verwandelt
oder aufgelöst wird.

Ich werde euch
einen wichtigen Hinweis geben:
Entscheidend ist,
wie viel Liebe ihr in das hineingebt,
was ihr tut,
denn Liebe ist der
große Multiplikator.

Wahre Liebe
kennt keinen Eigennutz.
Sie liebt um des Liebens willen.

Tautropfen am Morgen

Der Liebesstrahl senkt sich
in den Tropfen des Morgentaus
hernieder.
Der Liebesstrahl fährt
wie ein rubinroter Blitz hernieder.

Manchmal getrauen wir uns nicht,
anderen unsere Liebe zu schenken,
aber wir müssen lernen,
einander im Geiste
der Brüderlichkeit zu lieben.

Möge Liebe eure einzige Reaktion
auf alles sein, was euch widerfährt,
was euch gegeben wird,
ganz gleich wie groß der Schmerz,
ganz gleich welcher Art.
Was immer auch sein mag,
lasst euer Herz Liebe verströmen.

Möge eure Liebe rein sein
und sich verschenken:
Gebt von eurem Becher,
aber verausgabt euch dabei nicht,
leert den Becher,
auf dass er wieder gefüllt werde,
aber leert eure Reserven
nicht restlos.

Liebe ist ganz sicher der Schlüssel.
Sie eröffnet uns neue Horizonte.
Und doch ist es so leicht, zu vergessen
und in alte Muster zurückzufallen.
Denkt stets daran,
in der Gegenwart der Liebe
zu verweilen.

Haltet euer Herz offen.
Wenn ihr genug Liebe
durch euer Herz strömen lasst,
kann es sich nicht verschließen.

Mutig sein heißt,
die Liebe und Weisheit
des Herzens zu entwickeln.
Dies macht uns kühn genug,
um das zu tun, was richtig ist,
was ehrenhaft und notwendig ist,
auch wenn dies vorübergehend
unangenehm sein mag.

Wenn ihr herausfinden möchtet,
wie weit ihr auf dem
spirituellen Weg seid,
schaut, wie groß das Vermögen
eures Herzens ist,
andere zu lieben,
wie groß das Vermögen
eures Herzens ist,
mitfühlend und barmherzig zu sein
und wirklich zu verstehen,
welche Last ein anderer trägt.

Wenn ihr das Gefühl habt,
die Bestimmung eurer Seele
nicht zu erfüllen,
dann mag der Grund dafür
ganz einfach sein:
nicht genug Liebe.
Ihr erzeugt nicht genug Liebe
in eurem Herzen.

Liebe ist wie
ein sprudelnder Quell
in eurem Herzen.
Er sprudelt empor und
verströmt sich.
Er kann niemals versiegen.

Es ist nicht unser Vorrecht,
über unsere Mitmenschen zu urteilen,
es ist unser Vorrecht, sie zu lieben.

Schenkt Becher um Becher
des Elixiers der Liebe an all jene aus,
die eure Liebe empfangen wollen.
Führt dies so lange fort,
bis ihr die Kraft der Liebe
in eurem Herzen spürt.

Am wichtigsten sind jene Zeiten,
in denen ihr keine Liebe spürt.

In diesen Zeiten ist es gut,
etwas zu haben,
das euch daran erinnert,
wieder zum Herzen
zurückzukehren.

Ihr könnt euch selbst lieben
durch gesunde Ernährung,
durch genug Schlaf,
durch ausreichende Bewegung
und durch die richtige Einstellung.

Ich empfehle all jenen,
die ihre Liebe entwickeln möchten,
den Weg des Dienens.

Das Leben fordert von uns,
zu lieben, zu lieben und zu lieben
und weiter zu lieben –
ungeachtet der Umstände,
der Person
oder der negativen Energie.

Freundschaft und Liebe
wollen gepflegt und gehegt werden,
so wie man auch
eine Pflanze täglich gießt.
Dasselbe gilt für unsere
Liebesbindung an Gott.
Wir sollten sie voller Hingabe
pflegen, so wie wir auch die Beziehung
zu unseren Freunden pflegen.

Stellt euch einen Strom
der Liebe vor,
der eurem Herzen entspringt.
Er fließt zu allen,
mit denen ihr sprecht
und die in eurer Nähe sind.
Er umfließt sie und verzehrt
jede Nichtliebe,
die in ihnen lauern mag.

Habt keine Angst zu lieben,
mehr und mehr zu lieben.

Bringt ihr den Mut auf,
zu lieben und geliebt zu werden?

Möge euer Herz erblühen
und alle lieben, denen ihr begegnet,
und diese Liebe beständig verschenken.
Dies ist für ein siegreiches
Leben unerlässlich.
Dies ist für das Leben eines
jeden unerlässlich.

Mögen wir uns nie davor fürchten,
der Liebe die Tür zu öffnen
und verletzt zu werden.
Es ist in Ordnung,
verletzt zu werden.

Eure Wunden werden heilen,
und ihr werdet durch den Sieg
der Liebe in eurem Herzen
zu einem großartigeren
Menschen werden.

Über die Autorin

Elizabeth Clare Prophet war eine Pionierin auf dem Gebiet der Erforschung von Techniken zur praktischen Spiritualität, wie etwa der kreativen Kraft des Klanges für das persönliche Wachstum und zur Verwandlung der Welt. Eine große Auswahl ihrer Bücher ist in etwa 30 Sprachen übersetzt worden und wird weltweit vertrieben.

Elizabeth C. Prophet hatte sich 1999 zur Ruhe gesetzt und lebte von 1999 bis zu ihrem Tod 2009 in den Rocky Mountains von Montana. Die bisher unveröffentlichten Werke von Mark L. Prophet und Elizabeth Clare Prophet werden nach wie vor von Summit University Press herausgegeben.

Weitere Bücher von Elizabeth Clare Prophet

Elizabeth Clare Prophet

Mitgefühl

Gärten des Herzens

Mitgefühl entspringt dem Wunsch, anderen zu helfen, und dem Bedürfnis, anderen Trost zu spenden.

Mitfühlende Worte tun der Seele wohl und zeigen jenen, denen wir mit Mitgefühl begegnen, dass wir sie lieben. Gefühlvoll geleitet Elizabeth Clare Prophet uns zur mitfühlenden Liebe, nach der sich die Seele sehnt.

144 Seiten, 2-fbg., broschiert
ISBN 978-3-89845-381-3
€ [D] 6,95

Elizabeth Clare Prophet

Dankbarkeit

Gärten des Herzens

Das Leben ist ein Geschenk. Wer es zum Guten einsetzt, erlebt ein tiefes Gefühl der Dankbarkeit. Dieses kleine Buch, das unsere Seele zum Schwingen bringt, zeigt uns, wie wir unsere Dankbarkeit wahrnehmen und sie tief empfinden. So wird das, was wir empfangen, ganz zu dem unseren und wir werden in Freude eins damit.

136 Seiten, 2-fbg., broschiert
ISBN 978-3-89845-382-0
€ [D] 6,95

Weitere Bücher von Elizabeth Clare Prophet

Elizabeth Clare Prophet

Freude

Gärten des Herzens

Wir alle sehnen uns danach, von tiefer, dauerhafter Freude erfüllt zu sein. Elizabeth Clare Prophet verrät in diesem Buch das Rezept der Freude. Um das Wunder der Freude zu erleben, sollten wir uns an den guten und schönen Dingen erfreuen. Und wenn wir unsere Freude mit anderen teilen, wird diese noch größer werden.

136 Seiten, 2-fbg., broschiert
ISBN 978-3-89845-383-7
€ [D] 6,95

Elizabeth Clare Prophet

Vergebung

Gärten des Herzens

Vergebung besitzt die Macht, unser Leben zu verwandeln und Verletzungen des Herzens und des Geistes zu heilen. Dieses Buch zeigt, wie wir uns selbst vergeben und dadurch in die Lage versetzt werden, auch anderen zu vergeben. Elizabeth Clare Prophet zeigt uns, wie wir frei von der Vergangenheit und somit heil werden.

128 Seiten, 2-fbg., broschiert
ISBN 978-3-89845-384-4
€ [D] 6,95

Bernadette Saphira Huber

Mein Engel beschützt mich

Fantasievolle Gebete für Kinder

Die kleine Luna erzählt auf berührende Weise, wie sie Hilfe bei ihrem Engel und Gott findet und warum es ihr viel Freude macht zu beten. Mit kleinen Beispielen zu typischen Situationen im Leben eines jeden Kindes gibt Luna Einblick in ihre Gedanken und bietet Hilfe beim Beten. Kinder erfahren in diesem wunderbaren Gebetbuch, wie viel sie mit einem offenen, vertrauenden Herzen bewirken können und wie beschützt sie von ihrem immer anwesenden Schutzengel sind.

160 Seiten, illustriert,
durchg. farbig, gebunden
ISBN 978-3-89845-432-2
€ [D] 14,95

Marina Kaiser

Das kleine Ich und das große Licht

Gespräche, die den Alltag heller machen

Dieses Buch der etwas anderen Art ist ein fast intimer Dialog zwischen dem kleinen Ich und seinem unendlich weisen Freund, dem großen Licht – ein Zwiegespräch, das Wahrheiten in uns selbst aufdeckt, die bisher verdrängt waren.

Lerne auch du, dich mit deinem inneren Berater zu verbinden, um dich von Sorgen und Problemen zu befreien und dich endlich wieder als geliebtes Kind des Lebens zu fühlen.

232 Seiten, Klappenbr.
ISBN 978-3-89845-288-5
€ [D] 14,90

Chris Prentiss

Das 9x9 der Lebensweisheiten

Kostbare Geheimnisse für ein glückliches Leben

Chris Prentiss hat nach den Geheimnissen geforscht, die uns anhaltendes Glück bescheren. Dabei hat er einen Weg entdeckt, der zu den wunderbaren Gaben geführt hat, nach denen wir uns alle sehnen: wahre Freundschaft, Frieden, Glück, liebevolle Beziehungen sowie ein einträglicher Beruf. Die 81 Geheimnisse in diesem Buch werden auch Sie frei machen, beschützen und Ihnen Glück bringen.

192 Seiten, 2-fbg., Klappenbr.
ISBN 978-3-89845-335-6
€ [D] 14,90

Eileen Caddy & David E. Platts

Die Tore zur Liebe öffnen

Ein Findhorn-Buch

Wir alle sind mit der Fähigkeit geboren, uns selbst und andere zu lieben. Schmerzvolle Erfahrungen haben jedoch dafür gesorgt, dass viele von uns innere Schutzwälle errichtet haben. Die wichtigste Lektion im Leben ist es daher, wieder lieben zu lernen ... Dieses Buch lädt Sie ein, die freie Entscheidung zu treffen, mehr Liebe in Ihr Leben zu bringen, und es hilft Ihnen, diese Entscheidung Schritt für Schritt klar und entschlossen umzusetzen.

232 Seiten, Klappenbr.
ISBN 978-3-89845-288-5
€ [D] 14,90